달리는 말

달리는 말

초판인쇄 2023년 8월 20일
초판발행 2023년 8월 30일

지 은 이 조경숙
발 행 인 최한묵

발 행 처 도서출판 미소
주　　소 인천광역시 미추홀구 토금남로 84, 203호
전　　화 032-887-3454
팩　　스 032-887-3455

ISBN 979-11-982432-1-8
값 11,000원

＊이 책은 저자와 출판사의 허락없이 무단 전재 및 복제를 금합니다.
＊잘못 만들어진 책은 바꾸어 드립니다.

달리는 말

조경숙 시집

미소

自序

한쪽을 오려내도
오려낸 곳만
보이는 사진이 있다
캄캄하지만 환한
한 고요 속
그곳에
나는
귀의歸依한다

2023 여름

조경숙

차례

1부

구원에 대하여　12
달리는 말　13
꽃받침　14
글자에 기대어　15
거미　16
봄, 보다　18
행운木　19
적적성성寂寂惺惺　20
곡선에서　21
해바라기　22
名詩　23
그러나 어디나 봄은 오고　24
사랑 이후의 사랑　26
신　27
오아시스 사서함　28
흙집을 지어놓고　29
요단강에서　30
물꼬　32

2부

장마 34
그리움 35
시인의 꼬리 36
나 여기 있어 38
금낭화 39
먹초 40
수평선 42
노란 튤립 43
나를 그리다 44
발치에서 46
광야에서는 먼 곳을 바라보며 걷지 말아야 한다 48
빗물 소리 49
시간에 기대어 50
가뭄 51
먹방 52
식물의 손톱 54
고사리 56
갈매기가 물고 간 빗금 58

3부

햇살 60
산수유 61
호양수胡楊樹 62
허울 64
파장波長 66
짐승 67
이별 68
어깨를 움츠린 사이 70
생계형 문장 71
불일폭포 갈까요 72
들게 하다 74
명이 75
봄까치꽃 안부 76
반영 77
인생의 가르마 78
가을에는 눈물도 수확 같아서 80
오래된 집 81
외로운 눈물 82
사랑은 국경이 없다고 84

4부

메꽃 86
현수막에 쓴 시 87
풀보다 계급이 낮은 자 88
또랑家 시렁 90
어진이 91
식구 92
꽃이 운다 93
바늘이 지나간 자리 94
건빵 속의 별 96
개 97
문척댁 98
옷도 입지 않고 100
원만한 입술 101
전지적 시점 102
꽃 103
지금 있는 그 자리 104
행복이다 106

조경숙 시 이렇게 읽었다 / 문광영 외 8인 107

제 1부

구원에 대하여

*삼십 일 중 둥근 달은 딱 하루뿐

그 나머지는 스스로 둥근 가로등을 켤 것

*송이비 漢詩 인용

달리는 말

당신의 칭찬과 채찍이 나를 조련했다
모든 것은 서로 잘 되자고 하는 일
가끔 졸음 끝에 꿈이 달아났다

경주는 끝났다
이 빠진 혀로 하찮은 듯
당근을 밀어내고 혀끝에 놓는 말

한 생으로 보면
서서 잤다고 멀리 온 건 아니다
잠깐 찰나 하루였다
무릎 꿇을 자리를 찾아 평생 달렸구나,
나는

꽃받침

운명이었다면 잘 해주고 싶었다

즐거움 이전의 공손
삶의 무게를 견디는 전부
내 사랑의 주소를 쓰는 편지 봉투

키를 높이는 응시
네가 아프면 내가 먼저 울고
고개를 돌리는 방향으로
너를 보내주고 싶었다

너의 아름다움은 나의 자랑
한몸처럼 있어도
더 사랑한 사람이 낮은 곳에 있는 것
더, 잘 해주고 싶었다

글자에 기대어(SNS)

주변에 아무도 없다고 느낄 때
문자를 풀어 노닥노닥
의자, 의에서 ㅇ을 빼면 ㅢ
그리고 뒤로 남는 글, 자
견고하여 오롯이 기댈 만하다

더러 눈이 내리면
sㄴ nㅜ sㄴ 사람을 만들고
신생의 대지를 향해
나는 온전히 증발한다

거미

며칠째 비가 내린다

나는 박쥐우산도 쓰지 않고
구호품을 애원하는 편지도 쓰지 않는다
비를 피하는 것으로 삶이 살아진다면
줄 없이 내일을 말할 수 있다면
산 입에 거미줄 치지 않는다, 는 말은 맞다
살기 위해 줄을 치지 않고 살아온 날이 없다
생각해 보면 줄을 친다는 것은
적에게 위치를 알려주는 일

그때마다
내 생명을 담보하지 않고도 생이 살아졌다면
나는, 보여주는 곡예만 하다 사라졌을 것이다
너를 잡기 위해서가 아니다
모든 불순물까지 담아야 하는
나는 교활도 변덕도 없이
위태로운 운명에 줄을 놓는 자

살아 있는 입에 거미줄 치지 않는다는
속된 온기의 말,
돌돌 거미줄에 말고 싶다
못마땅해도 노려보지 말고
업신여기지 말고 네 길을 가라
반짝 햇볕이 들고 그새
날파리 한 마리 어디론가 날아가 버렸다

봄, 보다

스프링 발음하며
맨발의 꽃씨 하나 뒤꿈치를 든다

믿음은
우리가 가진 전부
총총 곱고 보드라운 길
그의 이름을 부를 때
느껴지는 탄력
시선이 닿는 곳만큼이
도착할 수 있는 거리

햇살에 마음을 잇대고
조그만 꽃씨 하나
스프링 스프링 스프링
발꿈치를 든다

행운木

잘린 토막도 살아 있는 목숨이라 하자

푸른 촉 기어코 올라오면
꼭 만나야 할 우리들의 약속이라 하자

오늘 살아 있는 것은
발끝을 모았던 지난 호흡의 습관이라 하자

삭제된 몸통 위로,
촛농이 떨어진 뜨거운 한때를
상처받았던 곳이라고
그 누구에게도 발설하지 말자

밑동에 뿌리내리면
오체투지 갈채를 보내듯
누가 묻지 않아도
우리의 이름 행운목이라 하자

적적성성寂寂惺惺

사랑한다는 것을
과연 어떻게 표현하나
결국 우는 것밖에

태어난 것이
지금 눈앞에 있는 게 고마워
또렷또렷 우는 것밖에

곡선에서

  이제 파도 소리보다 도랑 물소리에 네 발자국 감출 줄 알게 되었다 물이 울음을 대신 울게 할 줄도 알게 되었다 여름의 끝 마른장마에 모래 알갱이가 되어 유속 없이 흐르는 물의 기분도 짐작하게 되었다 돌멩이 줄 때마다 물은 더 잘 흐르고 큰 돌 들어 옮겨 보다 그건 그의 자리, 속도에 상관없이 장애물 돌아 물이 흐르는 것도 지켜 보았다

  오래전 그대 질문이 생각난다 수평선이 보이는 바다가 좋아 물 흐르는 숲이 좋아, 망설임 없이 곡선에 기우는 내 대답이 그랬고 내가 한 사랑이 그랬다

해바라기

 마음 둘 데 없는 날은 무턱대고 너를 그렸어, 교동 거기 바닷가에서 보았던 해바라기 모두 해를 바라보고 있었지만 유독 목이 가느다란 너만 다른 곳을 보고 있더라

 무엇을 보았던 걸까 함께 쪼그리고 앉아 미아처럼 두리번거리다가 다 저녁 도시로 나와 화방에 들려 노랑 물감을 잔뜩 샀지

 알 만한 초상처럼 천 개의 눈으로 오도카니 보고 있는 너, 어느 날 밤에는 노랗게 질려있는 너, 밖으로 어서 달아나라고 대문도 열어두고 물끄러미 나도 정처 없었어

名詩

견두산 뻐꾸기 소리
백 년도 더 들었지만 저 소리 여전히 좋네

뻐꾹 소리 듣노라면
뻐꾸기 백만 번 읽히는 문장 하나로 운다

그러나 어디나 봄은 오고

사람은 왜 나무처럼 살 수 없을까?

제 뿌리가 바람에 흔들려도
나무 위에 지은 새의 둥지를 털어내지 않는
나무처럼, 사람은 왜 그렇게 살 수 없을까

산골에 와서 가장 열심히 하는 일은
구례 오일장에 가서
나무를 사다 여기저기 심는 일
물앵두 산수국 석류 홍매화, 포도 무화과 머루 목단…

만약 내가 나무를 심지 않았다면
나무가 새로운 곳에 자리 잡기 위해
뿌리를 잘라낸 만큼
잔가지를 가차 없이 쳐내야 하는 걸 몰랐으리

불안한 낯섦의 장소에서 피멍울 들어
아프고 쓰린 간절한 소생

손톱 없이 뭉툭한,

어디로 다시 가지 않기 위해
흙을 꽉 움켜잡는 또렷한 이유 몰랐으리
어렵사리 뿌리를 뻗어가고
그러나 어디나 봄은 오고
바람에 한번은 크게 흔들리는 이유 있겠지

사랑 이후의 사랑

밥을 주면 급히 먹고
바쁜 척 휙 어디론가 가버린다
비록 길에 살아도
한곳에 매이지 않겠다는
자유로운 자의 자세인가
애초부터 마음은 주지 않겠다는
야무진 단속인가

참 어이없다가도
그 단단한 마음 다짐에
또 기다려진다,
그분

신

가실 성당 앞

친절한 문장 하나 적혀 있다

(신을 벗고 들어 오세요)

조금 전까지
고되기 짝이 없던 신
햇살을 담고 편안하다

오아시스 사서함

싹둑, 싹둑,
세상에서 가위질이 제일 쉬웠어요

오아시스에 발목을 담근 꽃들은
이미 신발도 없고,
고개를 숙이고 외출을 포기한 꽃
설탕 한 스푼 풀어 꽃술을 자극하는 건
나비를 유인하기 위한 것이 아닌
죽음을 유보 시키는 일

오아시스에 꽃을 꽂는 일은
억지로 간지럼을 태우는 일
이별한 사람을 한 번 더 불러보는
하마터면 뭉클, 위험한 그런 날이에요

흙집을 지어놓고

죄를 따돌리고 원주민처럼
산골에 들었으나
나는 정말 어디서 온 걸까
어디서 떠나오기는 한 걸까
시간의 속도가 굽이굽이
도랑물처럼 흐르는 곳
흙집을 지어놓고 햇살을 한몸에 받고도
조금씩 한기가 드는 날

벽 한복판에 기대어
이 흙은 누구의 몸이었을까

내일 조금 더 혼자인 날에
아직 흙이 되지 아니한
꽃과 새와 나비와 별을 불러내어
겨우내 우려 그의 이름을 쓰고
내가 비로소 흙이 될 때
뿌리까지 그때야 마침내 떠나왔다고

요단강에서

이스라엘에 와서 열흘이 지났다

잠들 때마다 꿈을 꾸었다
돌에 맞아 피 흘리는 마리아
가쁘게 가쁘게 구세주를 부르는 그녀

순례길 머무는 성지에서,
돌 하나씩을 주워 주머니에 담는다

굳이 모퉁이 돌이 아니라 해도
돌은 사람의 처음과 마지막 얼굴
포개고 구르고 깨지고
움푹 꺼진 자리를 메우는
가루가 될 때까지

(여기 누구든 죄 없는 자
이 여인에게 돌을 던져라)

마치 나는
돌의 역사를 보기 위해 이곳에 온 듯
핏물 스며든 돌
시간에 가라앉았을 돌
내일은 누군가 내게 던질 돌,
내가 먼저 찾아야 한다

물꼬

나의 난자
이슬보다 작은 처음
번성하는 누런 그늘을 키우는
찬물 같은 삶이고 싶었네

우레, 천둥 구겨진 햇살
벼랑에 세우는 두꺼운 손
굵은 물결에 쓸려가다가
한 고요 속 흩어져
세상 실오라기 걸치지 않은
맑은 출가를 꿈꾸었네

잘게 쪼개지는 햇살
바위를 넘어
까마득한 아래로 가자,
가자 출가외인 묵시의 시간
처음보다 더 낮은 처음
돌아오지 않는 낯선 소멸

제 2부

장마

긴 비가 오면 고여있던 물도
잊고 있던 제 이름을 찾아
뒤엣것이 앞엣것을 밀며 길을 나선다

빠르고 힘차게 고향을 찾아
달려가는 붉은 정맥들

이런 날은 꽃도 나무도 고개를 숙이고
저를 키워 준 물들에게 예의를 보인다

입 있는 자들만이 그 수심을 물으며
짐짓, 서로의 안부 묻느라 소란스럽다

그리움

울 엄니

(우리 막둥이 보고 싶어 막둥이 벗어 놓고 간 양말 그대로 뒷지야 근데 이제 어쩔까나 우리 막둥이 냄새 고만 다 날아가부럿다야)

저쪽의 소리를 듣고 있다가 가만히 양말을 벗어 울음을 닦았다는 그녀

시인의 꼬리

시 쓰는 걸 재주라고 하나
이미 글을 봐서 알겠지만
내 재주란 물구나무서기도 못하는데
몇 개의 꼬리를 달고 공중회전을 하여야 하나

어려서 서커스를 볼 때 할머니 그랬다
저렇게 몸을 돌돌 말아 공중 돌기를 하다가
작은 상자에 들어가려면 식초를 매일 한 그릇씩
꿀꺽꿀꺽 마셔야 된다고 그러면 뼈가 녹아
됫박만 한 그릇 속으로 몸이 쏘옥 들어간다고

그날 밤부터 세상의 모든 재주는,
뼈를 녹이는 거라 믿었다
슬픔은 아름답고 작은 몸이라고 생각했다
시큼한 그대 말이 좋다
꼬리 아홉 달린 구미호가 되어 고요하고 컴컴한 밤
공중 열두 바퀴 재주를 부리며
그대의 빨간 간까지 쏙 빼 먹는 시를 쓰고 싶다

밤새 글을 먹어도 시인의 피가 모자라는 요즘,
몸에서 꼬리가 자라길
그러나 꼬리만 자라고 재주를 못 부리면
그건 또 어쩌나 구미호, 그 숙명의 시그널

나 여기 있어

왜 꽃을 보면 네 생각이 났는지

너를 사랑하고부터
나의 취미는 꽃씨를 받는 일

처음에는 꽃씨를 받아서
지갑에도 넣었고 필통에 넣었지만
언제부턴가 가방 속에
작은 편지 봉투를 넣고 다닌다

꽃들은 주소를 묻지 않고
나도 잘 있다 잘 산다, 말하지 않고
잘 여문 꽃씨를 받는다

금낭화

돌 틈에 피어
등불을 다는 꽃에게 마음을 기댄다

휘어진 어깨 어루만지며

자꾸 널 이해 한다고
네 족보에 날 넣어 달라고
젖은 운동화 한 켤레 햇살 아래 놓는다

먹초

 문인화 한 점을 구입했다 모락모락 김이 피어오르는 고봉밥 밥값도 못하고 들어오는 시장한 저녁 현관을 들어서며 눈으로 먹는 고봉밥을 보며 가만히 불러보는 먹초 아저씨

 어렸을 때 우리 집에는 먹초라 부르던 머슴이 있었다 벌써 귀밑머리가 하얀 그는 주사가 있는 늙은 계부의 매를 피해 달아나 우시장에 거지꼴로 있었다 소를 사러 간 할아버지는 국밥집을 기웃거리는 그를 불러서 국밥 한 그릇을 사주었다 할아버지 파장 무렵 소를 몰고 동네 어디만큼 오는데 그가 따라왔고 귀가 안 들리는 그를 향해 어서 그만 가라고 손짓하면 허공을 휘젓던 눈이 할아버지 절뚝이는 느린 걸음을 다시 따라오고 그날부터 할아버지는 어디를 가나 그를 데리고 다녔다 말을 못 하니 말이 없었을까

 낮에는 농사 일을 하고 밤에는 동네 사람들과 사랑방에서 짚으로 새끼를 꼬거나 멍석을 짰다 그는 늦게 자고 일찍 일어났다 우물을 길어 부엌 항아리에 물을 가득 채워주었다 산에서 나무 짐을 지고 내려올 때는 참꽃이나 싸리꽃을 지게 위에 얹어와 어

머니에게 주려던 것인지, 어린 우리에게 주려는 것인지 소 외양간 문걸에 걸어두거나 부엌 봉당이나 장독 항아리 위에 아무렇게나 놓아두었다

 밥때가 되면 먹초는 상석의 할아버지와 겸상했다 할아버지는 당신의 밥그릇에서 한 숟가락 듬뿍 밥을 퍼 먹초의 고봉밥 위에 밥사발 하나 엎어 놓은 듯 밥을 올려주었다 들일을 나가기 전 그는 우리를 무동 태워 주는 걸 좋아했다 그럴 때면 팔을 뻗어 마당 배나무 높은 나뭇가지 끝을 잡아 보라고 발끝을 들기도 하고 양팔을 잡고 빙빙 돌리기도 했다 그러다 할머니가 보면 오롯이 먹초만 혼이 났다 손녀딸이 넘어지면 무릎이라도 깰까 마당의 돌을 전부 캐낸 할머니였으니

 할아버지 병환이 깊어지고 매일 밤 그 발치에서 꾸벅꾸벅 졸던 그는 할아버지의 장례식 다음 날, 사라졌다 말을 못 하니 말을 안 하고 갔을까 누구의 것인지 꽃신 한 벌 부엌 시렁에 올려놓고, 그는 갔다 나는 밥상에 앉아 먹초를 생각하며 할아버지를 부르며 여러 날 울었다

수평선

사람이 그릴 땐 자 대고 긋겠지만
거기에 쌓인 사연은 그렇게 그려지진 않는다

끊임없는 율동 속에 파르르르 생존의 떨림과
아스르르한 죽음의 손짓이 뒤섞인 해역의 옆선

돌아오지 않을 남정네들을 기다리는
당집 할미와 마조와 관음과 마리아가 바라보는
이승으로 넘는 선

노란 튤립

황금빛, 귀족들이 좋아했다는데

받침도 없이 외줄기에 긴 모가지
스치는 바람에도 휘청거린다

꽃말은
바라볼 수 없는 헛된 사랑

마음에 바람이 들면
슬픔을 비켜서
일어날 수 있는 간격

꿀벌들 저녁밥 준비하는 동안
가만히 보니,

좋기만 하던 그 시절
당신이 자주 건네주던
공갈빵처럼 그 속 텅 비었다

나를 그리다

사각사각 햇살 눈부시면
네게로 달려가
뒷짐 진 그림자도 따뜻하게 그리고 싶어

어쭙잖은 핑계
야트막한 고갯길조차 여러 번 수정되어
끝끝내 뒷짐 푼 그림 그리지 못해
그리고 그리다 만 그런 날 있지

여유로운 날, 오늘을 헹궈 내일을 쓰겠어

너를 거리 밖에 두고
모든 걸 털어내 드디어 혼자가 됐을 때

짧아지는 생 아무 탓 없이
이쯤에서 애틋함으로 나에게로 돌아와

마지막 장식은 발그레한 색연필로
부풀린 머리에 꽃을 그리고 신께 감사하겠어

발치에서

잠들기 전 꿈을 꾼다
벼랑에서 뛰어내리면
자동차 바퀴에 묻어가면
민들레 홀씨처럼 멀리 날아가면
위조 바이러스에 걸린 토마토처럼 뭉개지면
내가 별개일 수 있나
내가 분리될 수 있나
콩밭의 콩처럼 나는 당신, 당신은 나
오직 나는 당신의 그다음 주자
당신이 누운 그곳이 내 자리
이런저런 호칭에 끌려 다니다
색종이 반쪽에 적혀있는 이름, 장순희
분꽃 피는 시간
저녁을 지어야 하는 며느리처럼
당신은 이름이 불려 질 때마다
시간을 묻는다고 한다

이제 아무도 그녀에게

밥을 달라고 기다리지 않는다
아무리 따져 봐도
새로울, 일이 없는 시간
찰나로 지나간 날들보다
오늘 하루가 참으로 긴 날
태아처럼 구부리고 잠든 당신의 오른쪽이 젖어있다
꿈속에서 우산을 쓰고 누구랑 먼 길이라도 가는가
왼쪽 어깨가 젖어있는 사람이 누굴까?

나는 당신의 발치에 앉아 있다
당신이 깨어나 물어 올 그 시간의 답을 궁리하며

광야에서는 먼 곳을 바라보며 걷지 말아야 한다

 목표가 멀면 여정이 지루한 법 한 걸음 한 걸음 하루치씩 하루살이의 심정으로 발치의 꽃은 눈으로만 어루만지고 슬픔은 속으로 삼킬 일이다 그것이 편안하다 가시가 있는 광야의 키 낮은 꽃, 꽃이 바람을 찌르는 것이다 귓속을 흔들고 가는 음성, 내일 눈을 뜬다면 또 하루를 선물 받을 것이다

빗물 소리

좁은 새의 어깨로 몇 잠을 잤어도
어둠 한 자락 덜 밀어낸 새벽

들깨 모종을 들고
알곡 빠져나간 빈 깻단처럼
우비도 없이 후둑후둑 산밭에 섰네

한 고랑 두 고랑
호미로 둥글게 여는 푸릇한 안부
마침내 이쪽에서 멀어지고
저쪽으로 가까워지는 안부

너의 감감무소식은
어둠에서도 환한 세상
자박자박 줄비 내리는 하늘
나를 심기에도 참 좋은 말랑한 날씨

시간에 기대어

낭송가 김선옥 선생
그 긴 시를 어찌 다 암기하냐고 하니
한 문장씩 암송하다 보면
어느새 그 속으로 들어가진다고

윗집 형님
남원 장날 팔러 갈 그 많은 머위 껍질
언제 다 벗기냐 하니
하나씩 벗기다 보면 날새기 전 다 벗겨진다고

엎질러진 얼굴로
제 자식을 게워내는 들꽃들, 문득 말고
빠르게도 말고 봄에 피는 꽃 봄에
여름꽃 여름에 가을 국화 가을에
피고 여문다

가뭄

비는,
누군가의 회개 기도로 내리는 것인지

이렇게 가까이 쭈그리고 앉아
눈 젖은 이가 목마른 것을
바라보고 있노라면
민들레 앳된 입술 얼마나 수척한지

그 위에 겹쳐 보이는 뼈대 앙상한 십자가

먹방

화재가 있었다

불이 꺼지고 주변에는 뜯지 않은 라면
듬성한 이빨로 뚜껑을 열었을 빈 소주병
타다만 울음소리

그런데 이런 걸 기사로 쓸 거예요?

먹방은 진수성찬 티브이 프로가 아니에요

창문 없는 방은 7만 원 싸요
그 방은 두 눈을 감지 않아도
오래 잠들기에 훨씬 수월해요
진짜라니까요
그것 봐요

화르르 불이 나도 아무도 달아나지 않았어요

그런데 꽁꽁 단속했던 금싸라기 햇빛이
깨진 유리 밖에 넘쳐나네요

식물의 손톱

사람도 식물이 되면
한곳에 머물게 되는 이치

나무도 고운 말을 하면
가지가 곧게 자라지

외따로운 그리움에
몇 해째 앙상한 가지로
겨울잠을 자는 김 어르신 귀에
요양원 정 여사,

식물의 손톱을 잘라 주며
봄이라고 여름이라고
가을이라고
진정 어르신이 기다리는 계절
지금쯤 자녀분들 오는 길에
눈이 녹고 있을 거라고

오래된 나무는
자신이 넓혀 놓은 그늘을 믿는다
식물성 언어는 물기가 젖어있다

고사리

겹겹 신문지를 풀어보니
손이 불편한 그녀가 보내온 마른 고사리
갈망하는 것은 이렇게 마르는 걸까

제주도 오름 바람과 함께 자박자박 걸으며
말수가 적은 그녀가 부르는 낮은 허밍
내 귓전에 전해지고
눈을 감으니 4월 유채꽃 향기 분분

진작에 어서 그날이 와서
대수롭지 않게 그녀의 손을 잡고
한 뼘 한 뼘 살고 싶다
세상 쏘다니다가 구름에 가려진 달처럼
나 어느 구석에서 캄캄하다가도
전화기 너머 상희야 하고 이름 부르면
잡았던 것 내려놓고 두 손 모으는 그녀

따뜻한 물속에서 그녀의 퉁퉁 불은 손가락이
앙상한 내 손가락에 깍지를 낀다

갈매기가 물고 간 빗금

바람 부는 날이면 갈매기는
물고기 대신 수평선을 물고간다

선이 없는 방의 한복판
하늘과 바다,
누가 먼저 행장을 풀었을까

첫날의 이불처럼 서로를 끌어당겨
하나로 꿰매는 비릿한 충만

붉은 노을, 다른 생을 왜곡시켜도
스미는 것이 사랑이라고
하늘과 바다 서로를 열고
한몸으로 해를 출산한다

제 3부

햇살

너로 인해 문을 열었으며 길을 나섰고

눈부셨으며 작별했고 밤새 그리워했다

산수유

사람들 어디 있느뇨

노랑을 안고 태어나는 봄
아주 멀리서도 닿아있는 기도

어느 집 문 앞에서
누가 누구를 기다리든,
나도 노랑 때문에 달려온 자

온 마을 봄보다
노란 손수건 먼저 걸어야 하는
그 이유 아는 나무,
몸피 가늘어도 강단 있는
근면한 나무

어디 거기 오로지 환한 빛으로
환대하는 그런 생애 있느뇨

호양수 胡楊樹

그가 사진 한 장을 보내왔네

오랜 가뭄에도
물기만 묻으면 죽었다 부활한다는
사막의 나무
빛바랜 허무와 남루한 등걸

살아서 천년 죽어서 천년이라
지옥도 천국도
어디든 닿을 곳 없는 자의 자세인가

이미 내 눈에는 너와 난
유족이 없는 해골
휴대전화 배경 화면으로 두고
아침저녁 물을 주고,
밤이면 옆에 두고 잠들었다

앙상한 그림자가 영혼을 지킬 때

나무는 제 발등의 눈물로
어디서나 기어이 사네

허울

매미, 올여름 그 단명의 서러움을 알겠다

연일 일기예보에는 폭염주의보가 뜨고
마을에는 임시 잠자리 쉼터가 운영된다는
문자가 홑이불처럼 휴대폰에 깔린다

놀라워라 날마다
분리수거가 묏등처럼 쌓이는 새벽 골목
덜 깬 잠을 밀어내며 졸고 있는 가로등 옆
풀죽은 나뭇잎에 부려 놓은 몇 동의 매미울음

젖은 목수건을 감은
노동자 둘을 뒤에 태운 쓰레기 청소차가
지구의 액막이 행사처럼 지나가고,
자전거를 타고 출근하는 외국인의
아슬아슬한 검은 눈동자가 굴러가고
빨간 목욕 바구니를 든
굽 높은 슬리퍼의 여인이 멀어지고

비도 없이 젖고 마르는 이 계절
화력 없이 자연으로 돌아갈 수 없는 우리는
과하게 포장된 택배 상자 같은 우리는
쉽게 뜨겁게 데워지며 너무 많은 옷을 입었다

파장波長

  중국 오지마을 석정 사공은 낚시하는 일을 잊고 사진 모델이 되었는지 그의 가늘고 긴 손가락은 쥐고 있는 노 같다 이 또한 먹고 살자고 하는 일 연거푸 던졌다 건지는 그물에서 세월과 바람이 휙휙 빠져나가고

  입에 담배를 물고 주술사가 되어 안개를 부른다 몇 컷의 몽유도원도를 담기 위해 몽환은 필수 몰입의 순간 망원렌즈를 든 이가 손을 들어 신호를 보낸다 배우가 비극의 연기에 인공누액을 넣듯 저쪽에서 연막탄이 피어오른다 그는 연신 노를 빙빙 돌리기도 하고 방향을 바꿔가며 강물의 등을 내리친다 태양이 떠오르고 그가 물가로 나왔을 때 접사 렌즈로 그를 담던 이들 제 생의 길을 따라 저벅저벅 다리를 건너간다 낙엽 비 쏟아지는 석정의 강가는 파장罷場이었다

짐승

딸이 아프면 밥 먹는 것도 잊고
걱정을 해주던 어머니
위독하다는 전화를 받고 가는 길

배고픔을 참지 못해
휴게소에서 국밥을 시켜 놓고
눈물을 건져 먹었다는 그녀

그래, 나 짐승이 맞구나

이별

 북쪽으로 머리를 둔 목련꽃 이야기를 당신과 잠시 나누다 헤어져 돌아오는 길 어느 집 담장 너머 목련 바라보니 아직 꽃 몽우리 강아지처럼 귀엽습니다 저 단호한 그리움이 한 곳을 응시하고, 불가피한 저 순정이 흰 것이라 당신과 나의 한 시기가 오래도록 같은 곳을 향하다 흰머리가 되는 꿈을 가졌던 날이 봄이었겠습니다

 우리가 시선의 끝을 붙잡고 꽃이 핀다고도 하고 진다고 하고 또 그 시절이 오기도 하고 가기도 한다고 하니 우리도 분명 피기도 하고 지기도 하고 다만 그 방식으로 존재하거나 소멸하거나 이제 와 보니 당신이었거나 나였거나 더러 숲에서 심해를 헤엄치는 물고기를 소망하는, 그 시절 우리의 신앙이 성경 갈피에 넣어둔 마른 꽃이파리 자라나 원형으로 꽃핀다는 믿음이었겠습니다

 그러니 고집의 독해가 끝난 우리는 봄을 마중하지도 배웅하지도 말기로 해요 우리의 뒷걸음에 아무도 울음을 달래지 않는

봄, 목련은 기억이 떠올랐다는 듯 목을 길게 빼고 또 꽃을 피우고 있겠습니다

어깨를 움츠린 사이

세상은 생각보다 복잡하지 않다고
쏟아지는 잠꼬대처럼 말하는 그대
그럴지도 모릅니다

침상 하나를 차지하고
저녁밥을 기다리는
노인의 눈빛만으로도 다 읽혀지니까요
저 눈빛에 담긴 일생의 기다림이
자식일지, 밥일지 죽음일지

세상은 생각보다 복잡하지 않다고
어깨를 움츠린 잠시 사이
지금 침상 위에 떨어지는 햇살이
오늘은 눈부시고 내일,
당신의 말에 충분히 동의합니다

생계형 문장

트럭에서 굴비를 팔고 있다

"한 두름 스무 마리 만원입니다 진품 영광굴비를 깜짝 세일을 합니다 배가 노릿노릿한 진짜 영광굴비 정말로 맛있습니다 노인도 아이도 정말로 잘 먹습니다 서두르세요 오늘이 아니면 언제 이 맛을 보겠습니까 염장된 굴비는 비닐을 벗기거나 씻을 필요가 없습니다 튀기거나 굽거나 조리거나 하시면 진짜 정말 너무 맛있습니다 오늘은 진짜진짜 맛있는 영광굴비를 가지고 왔습니다 네 어머니 고맙습니다x3 네 어머니 맛있게 드세요x3"

자동 반복 돌아가는 방송을 자장가 삼아
운전석 상인이 졸고
듬성듬성 머리카락 빠진 가을 나무 위
아직 짝을 만나지 못한 매미가 울고
와야 할 사람을 기다리며 공원에 앉아 드는 생각

아무리 강조해도 생계형 문장에는 사족이 없다
진짜, 정말, 너무

불일폭포 갈까요

도공이 비탈길을 오른다

그릇을 만드는 일은 공간을 들이는 일
지나온 길 아니까
비우라고 그래야 살 수 있다고

인품을 흔히 대접이나 종지로 비유한다
찻그릇을 만들어 왔으니
꼼짝없이 종지에 마음이 갇힌다
오랜만에 말문을 열고
그릇이 작아야 비우기도 쉽다고
말의 한계를 넘어 억측 부린다면,
그건 마음 가장 깊은 바닥에 두었던
쓸 만한 소리

득음하러 온 이도 없건만
폭포는 안개 속에서 무슨 경보음처럼
새로 돋는 부끄러움을 익사시킬 듯

숨 가쁘게 물줄기를 쏟아내고

도공은 물끄러미 용소를 바라보고 있다

들게 하다

너는 그날을 기억해야만 하지

도공의 우선 당부는
다기가 기공 사이 찻물이 스미도록
찻잎 한 줌을 넣고 물을 끓여
미지근하게 식혀
푸욱 잠기도록 하고
다시 찬물에 한 시간쯤 담그길

찻그릇은 시간이 지나며
저만의 색으로
가만가만 깊어지고
이제 너도 찻물이 제법 들었다면
도반이 생긴 것이다

명이

울릉도, 우산을 준비해 왔으나 봄 가뭄이 계속되고 구름도 없는 해맑음

중앙통로를 올라가다 들어온 식당 밥이 나오기 전 반찬 먼저 식탁에 차려지고 접시 위 이름을 두고 젓가락을 뒤적인다

명이, 이 명이는 어느 절벽에 명을 온전히 맡기고 몸을 불렸을까 붉은 잎맥은 어디서 와서 어디로 가는지 묻는 여행자의 길이 되는 지도이다

봄까치꽃 안부

수마에 빠져 터벅터벅
그림자 소리 듣다가
창백한 낮달을 좀 오래 보고 있을 때
앞뒤 순서 없이 밥은 먹고 사냐는 듯
시집 한 권, 쌀 한 자루가 오고

모락모락 발우공양
삼첩반상 시어詩語들
포실하게 먹고
지난 한겨울을 잘 살았습니다

산골짜기 빈 들녘
법식으로 채워지는 봄
봄은 온다고 말하고 나면
온다는 말에는
발이 있을 것 같아 고마우신 분께
겨울을 툭툭 털고 악수 나누는
봄까치꽃 안부를 드립니다

반영

도끼에 넘어진 나무가 도끼자루가 된다

본 게 있으니 더 잘 내리찍는다

인생의 가르마

요즘 내가 기웃기웃 배우는 것

꽃집 스승은 죽은 나무도
일 년은 물을 주어보라 하고

이웃 농부 친구는
잡초는 제 근성이 자라기 전
싹수를 뽑아내야 한다고 하고

초상화의 대가 남궁 화백은
대상의 얼굴에는
역사와 사상까지를
그려 넣어야 한다고 하고

나는 고개만 끄덕이려고 세상에 왔나,
엄격하고 촘촘한 구획
그게 무에 그리 큰일인가

지난밤까지도 내 신체 일부였던
세면대 머리카락
거울에 보이는 애지중지
무량무량 나이드니
인생의 가르마가 희미하다

가을에는 눈물도 수확 같아서

쥐불놀이하듯 지난 봄날의 일기를 태운다

지나간 것은 지나간 것
지난날 삶이나 사랑 같은 건
일기장 맨 위에 기록한 날씨의 배열 같은 거
비가 왔거나 더러 맑고 흐림
어딘가 서성거렸거나 머물렀거나
만났거나 작별했거나
즐거웠거나 비통했거나
빗물처럼 제 길 찾아 흐르다,
돌을 넘어야 하는 물길처럼
어느 적막에 이르러
기록과 기억이 다른 날

봄을 태운 매운 연기
굳이 달려와 구름이라 우기는 이도 없으리니
눈물을 수확이라 결산한다

오래된 집

텅 빈 외로움보다
애틋한 것은
기다림이 기우는 것이었다

야윈 흰 나방
날다가
또 날다가
거미줄에서 애를,
애를 쓰고
그것을 응시하는 거미

둥둥둥
징검다리 얽어 짜며
살고자 하는 것도
결국
기다림 때문이라고

외로운 눈물

노을이 붉어도
해 뜰 때처럼 눈부시진 않겠지

붉었던 젊음 아름다워도
여즉 열다섯에 멈춘 수상한 정신
몸을 따라가지 못하는 날
그때로 다시 돌아갈래? 하면
아니, 아니 그런 질문은 사양하지

봄 가고 여름 가고
가을을 불러 놓고,
왜 저 휑한 11월의 글자에
늘 눈이 찔리는지

이런 날은 속수무책

닐 세다카의 You Mean Everything To Me
노래를 듣다 왜 볼륨을 낮추는지

왜 전조등도 없이
양평 두물머리 고사목을 보러 가는지
아무리 달려가도
왜 밝은 새 아침은 오지 않는지

그것을 누구에게 물어봐야 하는지
이렇게 늙어 가도 되는지

사랑은 국경이 없다고

도시 아우 산골에 놀러 와서
호미 들고 텃밭 서성이다
개망초와 눈 맞추고
이뻐라 아유 이뻐라

언니야 풀이 어디 있나
여기도 꽃이야 저기도 꽃이야
천지가 꽃이네 꽃

사랑은 국경이 없다고 누가 말했나
어떤 사랑이 국경 때문에 돌아섰나

제 4부

메꽃

버선도 벗어 놓고 무릎걸음으로 오르는
보일 듯 말 듯 간절한 한 줌

현수막에 쓴 시

나도 이번이 한 생

돌담 위
졸고 있는 고양이도 한 생
텃밭 배추 애벌레 지렁이
개미 두꺼비도 한 생

그러니 반갑다

너희도 어미가 낳았고
나도 우리 어머니가 낳았고

그러니 잘 살자

풀보다 계급이 낮은 자

가만히 보면
싸움도 서로 비슷한 것끼리 한다
산골에 살아보니
꽃과 미모를 다툴 일 없고
새와 노래를 겨룰 일 없고
나무와 키재기를 할 일이 없네

아아 그러나 한 계절 살며 알았네
풀과의 싸움은 백전백패

차라리 햇살 아래 호미를 던져두고
싸움은 상관없다는 듯
적을 알고 나를 알고자

홀쭉한 흰 접시꽃으로 백기를 들고
호미 내려 항복 의사를 밝히는 바
그러나 나는 풀보다 계급이 낮은 자

삼복에도 새끼를 쏟아내는 쇠비름
여기에 있을 자격을 갖춘 완전체

내게 묻네
누가 나와 싸우라고 네게 가르쳤니
누가 너와 내가 급이 같다고 했니

또랑家 시렁

　아버지, 오래전에 지어진 이 기와집은 이렇게 한자리에서 바람에 깎이고 햇볕에 삭아 낮아지며 어깨 한쪽이 기울어 있습니다 빈집을 수리하기 전 벽과 기둥을 가만가만 쓰다듬습니다 마치 이 집에 못을 빼기 위해 온 듯 망치의 뒷부분처럼 손도 조금 길어졌습니다 헛간에서 찾아낸 놋대야 가득 못을 뺐습니다 못이 빠져나간 자리에 잠시 바람이라도 채울 겸 일을 멈추고 새참을 먹는 사이 어제처럼 지리산 자락 고리봉에 비가 세차게 내립니다 빈집을 지키던 둥근 항아리 위에도 돌담 위에도 대문간 옆 방아잎에도… 아닙니다 빈집에 내리는 비는 내리는 것이 아니라 주인으로 오겠지요

　아버지, 안방 시렁 위에 중절모 하나 이 집을 지키고 있습니다 그리하여 잠 오지 않는 어느 하루, 한 남자가 긴 여행에서 돌아와 허리를 펴고 시렁에 모자를 올려놓고 편안히 잠든 여자를 내려다보는 모습을 그리게 되었습니다 오늘 밤 마당에는 은목서 여민 몸을 열고 향기 그윽합니다

어진이

 산책길 늘 저 먼저 앞장서던 그녀가 오늘은 따라나서질 않는다 그날인가, 올 것이 온 듯 자정 무렵 만삭의 그녀가 제자리를 빙빙 돌며 울부짖는다 바람은 불고 정전된 밤하늘처럼 저나 나나 캄캄하기는 매한가지

 새끼 한 마리씩 툭 툭 세상에 뱉어지고 아아 어진아 힘 힘줘! 내 접힌 손에 땀이 차고 누운 것이 아니라 서 있는 어진이의 거기서는 툭 종주먹 하나씩 투우 툭! 툭!
 낯선, 얼룩무늬 검고 흰 족보의 시작

 다섯을 가랑이 아래 내려놓고 지아비 원망도 없이 새끼의 탯줄을 핥고 지린 오줌을 핥고, 암컷 짐승의 미역국을 끓이는 비릿한 새벽 아직 하늘은 처녀자리 물병자리 쌍둥이자리…

식구

 산골에서는 내 집에 사는 개미도 혈육 같다 개미를 가끔 집을 비울 때 쓰는 유서를 읽어주고 싶은 입단속이 필요 없는 동생이라고 해야 하나 간헐적 단식을 박제하는 허리 잘록한 딸이라고 해야 하나

 삼복의 늦은 저녁 우물거리던 빵부스러기 마당에 뿌리자 개미 한 마리, 높은 것이 낮은 것을 의지하는지 아픈 지아비를 섬기는지 제 몸보다 큰 덩어리 움켜잡고 봉숭아꽃 가로질러 거침없이 내리막길을 간다

꽃이 운다

　작업은 생각보다 간단하다 풀칠이 되어있는 도배지에 물을 뿌리고 몇 분 숙성을 시킨 후에 각을 바로 잡아 붙이면 된다

　기대감을 저버리지 않고 벽지는 감쪽같이 사방팔방 꽃밭이다

　저 속에 무슨 일이 있었나, 울음이 벽에 갇혔다

　(꿈을 깬 시간 새벽 2시 6분)

바늘이 지나간 자리

너와 나 헝겊이라 하자
서로를 덧댄
바늘이 지나간 자리
촘촘하거나 듬성 하거나
노련하거나 서툴거나 둘 중 하나
낡아도 제 몸 보풀
튿어지지 않기 위해서는
마무리 매듭은 지어야 하고,
어느 날
지루함과 성가심으로
너는 너에게 나는 나에게 소리치리라
결속이냐 자유냐

혹 돌아가거든 말하지 말자
상처도 꿰매면 꽃무늬가 된다고
내가 받은 상처가 이렇게 아픈데
너는 얼마나 아팠느냐 위로하지 말자
상처는 바늘이 지나간 자리

아무 흔적 없다면 무슨 재미
바늘이 지나간 낡은 피륙처럼
어차피 생은 불태워진다

건빵 속의 별

보았다 한 평 남짓 그녀의 침상
생각만 해도 목이 메는,

눅진하게 삼키기 위해서는
흐린 날씨가 제격인 침샘을 자극할
별사탕 몇 개 들어있어야 하는
그건 갈증을 경청할 줄 아는 이의 전략

물기 없는 생은 흐름도 더딘가
가버린 사람은 별이 되었다던가

단맛으로도 상쇄되지 않는
반짝이던 별의 역사

개

개는 어스름한 저녁에 숲에 있었다
그곳에서 밤을 샐 듯 누워서

발목, 털이 붉게 물들어 있었다
가까이 가자 기어이 나와 멀어졌다

멀어지는 개를 향해 이름을 불렀다
내가 아직 지어 부르지 않은

개는 밤이 늦어도 오지 않았다

웅크린 채 잠이 들었다가 일어났을 때
나는 목줄에 묶여있었다

문척댁

알지, 아름다운 얼굴이란
하회탈 같은 눈가 주름이라는 걸
형님의 주름 더 자세히 읽으려고
교회 다녀오는 그녀를 자꾸자꾸 불러세우지

그 행간을 들여다보며 떠오르는 궁리
그건 필요 없는 고민 형님의 손등을 보면
백 편도 넘는 오지게 긴 장시

알지, 형님의 이야기 행간에는
자신을 위해 무얼 담는 법이 없지
어둑해지는 저녁 산밭 내려와
굽은 등을 숙여
길고양이 밥 먼저 차리는 형님
밥이 믿음이라고,
누굴 배 불리는 것이 기도라고
큰 짐승 헛헛한 시골살이

이리저리 만날 때마다
밥 잘 챙겨 먹으라는 윗집 형님

옷도 입지 않고

당신, 이팝나무 사진을 보냈네

 발꿈치 든 키를 작은 나무 아래서 재주던 당신, 사대문 안 꽃과 장식을 자랑하던 당신, 양반다리를 하고 이리 온 이리 온 하던 나비 이팝나무 밑에 묻고 나비가 갔네! 나비가 갔네 하며 종일 울었다는 당신, 탈 탈 탈 웃음소리 고무줄 늘어난 헐렁한 속옷 같은 당신 갈 데도 없으면서 오라는 곳 많다고 가을 다리 긴 허수아비처럼 괜히 바쁜 당신 이렇게 배부른 꽃을 봤냐고 사진을 보냈네 눈이 부셔라 아직 이 봄은 밥알처럼 서러운데 쌀밥 몇 가마로 허리가 휘어지는 나무 하늘하늘 환한 기억 어두워 더 밝은 날의 오후 눈을 감고 이팝나무 가만히 보니 옷을 입지 않은 매미, 나무를 꼭 껴안고 우네

원만한 입술

남자한테 참 좋다는데 어떻게 설명을 못 하겠고

이런 건강 보조식품 광고를 보다 보면 당신도 내 머리카락 꼭꼭 숨은 여길 떠올릴까 마을은 노랑 물감을 풀어 놓은 듯 환해 이 무렵 카메라를 멘 이들이 총천연색으로 마을로 올라와 이 모양 저 모양으로 나서 보지만 오직 노랑을 펼쳐 보이는 엄격한 나무

예전에는 앞니로 산수유 씨를 발려서 산동 처녀와 키스만 해도 보약이라 했는데 풍경으로 쓰는 한철. 꽃들도 철을 모르는 요즘 가끔 노랑에 묻어가고픈 빨강에 물들고픈 그 순간 부스러기 내 몸에는 또 다른 내가 돋아나고 있어 이생의 끝 빈손으로 걸어오는 그대를 가뭇없이 불러 놓고, 흠결 없이 잘 익은 산수유 하나 입에 물어볼까나 남자한테 참 좋다는데 어떻게 설명은 못 하겠고

전지적 시점

세상의 모든 것이 암호화되어도
전지적 연애 시점
열락의 팔짱 낀 팔을 풀지 않듯
사랑은 하나의 자물쇠와 하나의 열쇠

남산에 가면 아직 사랑하는 이들이
시국 선언 같은 제 희망의 자물쇠를
수북수북 묶어 두고 만개한 벚꽃처럼
환하게 산 아래를 내려간다

붉은 연대의 굳센 언약과
야물딱진 맹세는 더듬더듬 녹슬고
누가 왜곡된 역사를 기억해 낸 듯
봉숭아 꽃물 빠진 손으로
제 입을 막고 어떤 이름 앞에 서 있다

꽃

들에 나가
꽃을 본다
벌레가 갉아먹어도
표정을 바꾸지 않는 꽃
그 위에 나비 앉는다

가을 들판
꽃씨를 받다 보면
세상살이에 눈먼 내가
산파가 된 듯
수많은 천년의 어미를 읽는다

지금 있는 그 자리

나는 네가 멀어도 좋으니
보고 싶다고 말하면 좋겠다

네가 나를 미워해도 좋으니
잊지 않았으면 좋겠다

보고 싶지도 않고 밉지도 않으면
그건 이제 아무 상관 없는 사이

그러나 보고 싶어도 안 하고
미워하지 않아도 좋으니
울지 말고 살았으면 좋겠다

결국 울음과 웃음,
사람과 사랑 받침 하나 차이

이따금 나 같은 너,
더운 바람 속 먼먼 길 가더라도

어디서든 사랑하며 웃고 있으면
나는 참 좋겠다

행복이다

　산수유 꽃망울 터지기 전, 눈 내리는 작은 숲길을 걷는 것은 아직 행복이다 벗이 왔고 작별의 정을 나누기 전 머무름의 차 한 잔을 더 따르는 것은 아직 행복이다

　어제 기다리던 오늘이 왔고 해가 뜨기 전 너의 눈동자를 바라보는 것은 더 큰 행복이다 매일 서로 같은 장소에 있지 않아도 함께 있을 수 있으니 아직 행복이다 매시간 행복하지 않아도 매분 기도할 수 있으니 이 또한 아직 행복이다 아직 산수유 꽃소식을 보낼 주소가 있으니 지금 행복하다

조경숙 시 이렇게 읽었다

생명주의적 발상이 주는 시적 환희　문광영

한소식을 기다리며　이목연

그녀는 봄이다　고경옥

흙집이 선사한, 고요하게 깨어 있는 시편들　김진초

시인이 전하는 안부를 받다　조희영

평범한 문장 같은데 어지간히도 내 마음을 흔든다　이석화

뻐꾸기 소리처럼 정겨운 시편들　문영심

달나라 토끼와 빨간 차　김현자

노랑대문　윤태옥

생명주의적 발상이 주는 시적 환희

문광영 | 문학평론가, 경인교대 명예교수

조경숙 시인이 산골 구례에 집을 장만한 이유를 알 것 같다.

시집 제목 『달리는 말』의 마부인 조경숙, 그의 말고삐는 느슨하고 여유롭다. 어쩌면 장자의 소요유逍遙遊를 보는 듯, 한가한 구례 산골 마을의 정경 같기도 하다.

그녀는 서문에서 '달리는 말'의 시간적 상징성을 통하여 실존적 삶의 여정을 피력한다. "너무 빨리 달려가지 않았으면 좋겠다. 세상을 너무 비장하지도 너무 공손하지도 않게 살고자" 한다고 했다.

우리네 인생이란 어쩌면 죽음을 향해 '달려가는 말'처럼 직선의 수평선을 마냥 스피디하게 질주하고 있는지 모른다. 그에게 있어 직선은 "이승을 넘는 선"(〈수평선〉)으로 간주한다. 그래서인지 직선의 삶을 희구하기보다는 그녀는 곡선의 삶을 지향한다, 곧 "파도 소리보다 도랑 물소리에", 돌을 넘나드는 물 흐르는 숲이 좋다는 것이고, "망설임 없이 곡선에 기우는 내 대답이 그랬고 내가 한 사랑이 그랬다"(〈곡선에서〉)라는 것이다.

그리고 보면 조 시인의 시정詩情은 소확행小確幸에서 찾을 수 있다. '작지만 확실한 행복', 일상에서 누리는 소소한 시적 감흥을 무기로 하여 창작의 즐거움을 얻는다는 것이다. 삶의 결과에 집착하지 않고, 하루하루 일상의 여정 속에서 순간 자신이 보고 느끼고 깨닫거나 통찰한 삶의 교훈에 가치를 부여하는 시 정신이다.

이러한 시인의 눈썰미는 매우 깊고 정치精緻하다. 가령 '꽃받침'을 보고도 "너의 아름다움은 나의 자랑 / 한몸처럼 있어도 / 더 사랑한 사람이 낮은 곳에 있는 것"(〈꽃받침〉)이라는 미시적 대상을 통해서 통찰의 깊은 시상을 보여준다. 또한 호미로 풀을 매다가 풀과 싸움에서 백전백패를 했다고 하는데, "꽃과 미모를 다툴 일 없고 / 새와 노래를 겨룰 일 없고 / 나무와 키재기를 할 일이 없네"(〈풀보다 계급이 낮은 자〉) 라면서 화자의 성찰 의식도 드러낸다.

원주민처럼 / 산골에 들었으나 / 나는 정말 어디서 온 걸까 〈중략〉 꽃과 새와 나비와 별을 불러내어 / 겨우내 우려 그의 이름을 쓰고 / 내가 비로소 흙이 될 때 / 뿌리까지 그때야 마침내 떠나왔다고

—「흙집을 지어놓고」 부분

이렇듯, 조 시인의 감성적 촉수는 주변의 소소한 물질과 관통, 통찰하면서 그 세계 속에 바로 자신이 존재하고 있음을 극

명하게 드러낸다. 곧 세계 내 존재의 실존적 인식에서 조 시인의 시 세계는 소소한 일상에서 빚어진 만유일체의 따스하고 찐득한 생명의식을 펼쳐간다는 사실이다.

만유일체의 중심이 되는 소재가 바로 자연이 아닌가. 수많은 섭리와 신화적인 이야기를 품고 있는 자연, 흐드러진 그 자연과 내통하려면 시골에서 살아야 하나. 그래서 전남 구례에 내려가 헌 집을 사서 자연과 함께 맞장을 뜨고있는 것일 게다.

> 산골에 와서 가장 열심히 하는 일은 / 구례 오일장에 가서 / 나무를 사다 여기저기 심는 일 / 물앵두 산수국 석류 홍매화, 포도 무화과 머루 목단…〈중략〉 불안한 낯섦의 장소에서 피멍울 들어 / 아프고 쓰린 간절한 소생 / 손톱 없이 뭉툭한 / 어디로 다시 가지 않기 위해 / 흙을 꽉 움켜잡는 또렷한 이유 몰랐으리
> ―「그러나 어디나 봄은 오고」 부분

조 시인은 구례 오일장에 가서 사다가 심어놓은 나무를 애잔한 시선으로 바라본다. 그러면서 "사람은 왜 나무처럼 살 수 없을까?"라는 화두를 던진다. 사람이 나무가 되고 싶은 자연과의 조우, 나아가 흙이 되기도 하는 이러한 일체一切 무차별상無差別相의 시정詩情, 여기에서 비롯된 자연친화적 상상력이야 말로 생명주의 시 정신 발로라 하지 않을 수 없다. 느지막이 지천명에 이르러 도심을 벗어나 흙집을 향한 귀촌은 다양한 산천초목과의 조우도 있겠지만 무엇보다 도심의 콘크리트나 아스팔트가 아닌 흙냄새를 맡으며, 흙과 함께 동화되고 싶은 원초적 욕망을 드러낸다.

만유일체萬有一體는 원래 불교 용어지만 우리 동양인의 생명 원리이기도 하다. 인연이 닿아, 인연이 생겨, 인연을 만나 관계를 맺고, 더불어 한몸으로 생멸하는 원리이다. 조 시인은 이런 자연과 만유일체의 관계 속에서 생기론적生氣論的 시상을 얻는다. "빈집을 지키던 둥근 항아리 위에도 돌담 위에도 대문간 옆 방아잎에도 / 빈집에 내리는 비는 내리는 것이 아니라 주인으로 오겠지요"(〈또랑家 시렁〉)라고 한다. 나아가 그녀에게 있어 '뻐꾸기 울음 소리'는 명시名詩가 된다. 곧 "뻐꾹 소리 듣노라면 / 뻐꾸기 백만 번 읽히는 문장 하나로 운다"(〈名詩〉)라는 전치轉置의 즐거움을 맛보게 한다. .

이렇듯 구례의 시편들 여기저기에서 자연과의 합일을 통한 생명주의적 시상의 창조적 형상화를 목도한다. 마치 구상 시인이 말했듯 "영혼의 눈에 끼었던 / 무명의 백태가 벗겨지며 / 나를 에워싼 만유일체가 말씀임을 깨닫습니다"(구상 〈말씀의 실상〉)라는 시적 해탈의 경지를 엿보게 하는 것이다.

> 산골에서는 내 집에 사는 개미도 혈육 같다 개미를 가끔 집을 비울 때 쓰는 유서를 읽어주고 싶은 입단속이 필요 없는 동생이라고 해야 하나 간헐적 단식을 박제하는 허리 잘록한 딸이라고 해야 하나
>
> ―「식구」부분

조 시인의 만유일체, 무차별상의 시정詩情은 그녀만의 예민한 감성과 지성의 깊이에서 비롯된다. "내일 아침 산책이 그리워서 잠을 설치는 일이 없어지고, 종달새 우는 소리에 전율을 느끼지

못하거든 깨달아라."(D.H. Thoreau의 〈Walden〉) 라고 한 경구가 떠오른다. 한마디로 시인의 마음 바탕에 이런 성정이 없다면 시인으로서의 봄날은 이미 가버린 것이 되고 말것이다.

조 시인은 누구보다 전율을 느끼는 예민한 작가라고 본다. 그녀에게 있어 삶의 행복이라는 것도 이러한 만유일체의 생명적 시징에 닿아있다고 본다.

> 산수유 꽃망울 터지기 전, 눈 내리는 작은 숲길을 걷는 것은 아직 행복이다 벗이 왔고 작별의 정을 나누기 전 머무름의 차 한 잔을 더 따르는 것은 아직 행복이다 // 어제 기다리던 오늘이 왔고 해가 뜨기 전 너의 눈동자를 바라보는 것은 더 큰 행복이다 매일 서로 같은 장소에 있지 않아도 함께 있을 수 있으니 아직 행복이다 매시간 행복하지 않아도 매분 기도할 수 있으니 이 또한 아직 행복이다 아직 산수유 꽃소식을 보낼 주소가 있으니 지금 행복하다
>
> —「아직 행복이다」 부분

조 시인이 말하는 삶의 행복이란 본질적 가치에서 오는 것이 아니라, 관계적 가치에서 얻는다. "매일 서로 같은 장소에 있지 않아도 함께 있을 수 있으니"라고…. 곧 더불어 존재하는 것에서 얻어지는 가치, 인연, 연기설에 닿아있기도 하는, 바로 관계 미학의 행복이 아닌가.

또한 그가 말하는 시적 삶의 행복이란 "건빵 속의 별" 같은 것을 맛보는 일, "별사탕이 몇 개 들어 있어야 하고, 별이 되어 있는 사람을 그리워하는 시인의 삶"(〈건빵 속의 별〉)에 있다는 것

으로써, 또 다른 행복의 코드가 읽힌다.

나아가 조 시인은 상처마저도 아우르는 행복론을 피력한다. "상처도 꿰매면 꽃무늬가 된다고", 바로 "상처는 바늘이 지나간 자리"란다. "아무 흔적 없다면 무슨 재미 / 바늘이 지나간 낡은 피륙처럼 / 어차피 생은 불태워진다"(〈바늘이 지나간 자리〉)는 것이다. 상처 없는 삶, 상처 없는 행복은 존재하지 않는다는 것이리라.

그릇을 만드는 일은 공간을 들이는 일 / 지나온 길 아니까 / 비우라고 그래야 살 수 있다고 / 인품을 흔히 대접이나 종지로 비유한다 / 찻그릇을 만들어 왔으니 / 꼼짝없이 종지에 마음이 갇힌다 / 오랜만에 말문을 열고 / 그릇이 작아야 비우기도 쉽다고 / 말의 한계를 넘어 억측 부린다면, / 그건 마음 가장 깊은 바닥에 두었던 / 쓸 만한 소리 / 득음하러 온 이도 없건만 / 폭포는 안개 속에서 무슨 경보음처럼 / 새로 돋는 부끄러움을 익사시킬 듯 / 숨 가쁘게 물줄기를 쏟아내고
—「불일폭포 갈까요」부분

그녀의 관계미학적 시정은 위의 시 〈불일폭포 갈까요〉에서 극명하게 드러난다. 이 시에서 그릇을 만들어내어 "공간을 들이는 일"을 하는 도공陶工과 "숨 가쁘게 물줄기를 쏟아"내어 용소龍沼를 만들어내는 폭포는 동질적 가치로 형상화된 시이다. 바로 한 쌍의 멋진 메타포이자 관계 미학적 시 정신 발로라 여겨진다.

좋은 시편마다 그 나름의 상상의 재미, 통찰, 사유의 깊이가

있게 마련이다. 그래서 아름다운 우주가 새롭게 열리고 울림을 주게 마련이다. 마치 메꽃 한 꽃송이에서 천국을 볼 수 있듯이, 한 사람을 깊이 들어가 보면 무수한 인간들의 삶의 고뇌를 천착해 낼 수 있듯이. 조 시인의 정치한 감성적 시어는 천상과 지하를 오고 가며, 내면 깊이 닿아있으면서도 수직적, 수평적 응축과 확산의 상상력으로 즐거움을 갖게 한다. 여기에서 그녀의 감칠맛나는 생명주의적 시적 행보를 맛본다

한소식을 기다리며

이목연 | 소설가

산골의 꽃향기로 통통하게 살 오른 시집,
산이 찢겨 생긴 골짜기 사이로
도랑물이 들려주는 이야기가 깊다.

　말을 못 하니 말을 안 하고 갔을까 누구의 것인지 꽃신 한 벌 부엌 시렁에 올려놓고, 나는 밥상에 앉아 먹초를 생각하며 할아버지를 부르며 여러 날 울었다 할아버지의 장례식 다음 날,
—「먹초」 부분

사라진 먹초가 궁금하다.

목표가 멀면 여정이 지루한 법 한 걸음 한 걸음 하루치씩
　　—「광야에서는 먼 곳을 바라보며 걷지 말아야 한다」 부분

좁은 새의 어깨로 몇 잠을 잤어도
어둠 한 자락 덜 밀어낸 새벽
들깨 모종을 들고
알곡 빠져나간 빈 깻단처럼
우비도 없이 후둑 후둑 산밭에서 들깨를 심는
　　　　　　　　　　　　　　　—「안부」 부분

시인의 아침을 본다

낭송가 김선옥 선생
그 긴 시를 어찌 다 암기하냐고 하니
한 문장씩 암송하다 보면
어느새 그 속으로 들어가진다고

윗집 문척댁 형님
남원 장날 팔러 갈 그 많은 머위 껍질
언제 다 벗기냐 하니

하나씩 벗기다 보면 날새기 전 다 벗겨진다는
　　　　　　　　　　　　　　—「산다는 것은」 부분

　인생의 진리를 알고 있는 스승도 만나고 일상의 현자도 만난다.

　　상처도 꿰매면 꽃무늬가 된다고
　　내가 받은 상처가 이렇게 아픈 데
　　너는 얼마나 아팠느냐 위로하지 말자
　　상처는 바늘이 지나간 자리
　　　　　　　　　　　　—「바늘이 지나간 자리」 부분

　　빗물처럼 제 길 찾아 흐르다가,
　　돌을 넘어야 하는 물길처럼
　　어느 적막에 이르러
　　기록과 기억이 다른 날
　　　　　　　　　　—「가을에는 눈물도 수확 같아서」 부분

　이따금 나 같은 너,
　더운 바람 속 먼먼 길 가더라도
　어디서든 사랑하며 웃고 있으면

나는 참 좋겠다

―「지금 있는 그 자리」 부분

 이렇게 사랑을 앓고 달관을 얻은 또랑가 시인, 곧 지리산 자락에서 전해 올 한소식을 기다린다.

그녀는 봄이다

고경옥 | 시인

사람에겐 누구나 자신만의 향이 있다. 누군가를 떠올릴 때 목소리가 귓가로 스미기도 하지만 봄이나 여름 같다거나 가을 같다거나 혹은 겨울 같다는 느낌이 아련하게 들곤 한다.

조경숙 시인, 그녀는 봄이다. 일단 그녀의 몽글몽글한 미소가 봄이고 자분자분한 말씨가 봄이다. 그러고 보니 이번 시집 속의 詩들마저 보스스한 봄이 가득하다. 꽃들이 지천이다. 산수유, 목련, 접시꽃, 이팝꽃, 금낭화, 튤립, 봄까치꽃….

> 작업은 생각보다 간단하다 풀칠이 되어 있는 도배지에 물을
> 뿌리고 몇 분 숙성을 시킨 후에 각을 바로 잡아 붙이면 된다
> 기대감을 저버리지 않고 벽지는 감쪽같이 사방팔방 꽃밭이다
>
> 저 속에 무슨 일이 있었나, 울음이 벽에 갇혔다

(꿈을 깬 시간 새벽 2시 6분)

―「꽃이 운다」 전문

 봄처럼 환하지만 미처 환하지 못한 벽에 갇힌 울음이 그녀의 곳곳에서 느껴지는 건 천생 시인이기 때문일까? 말이 없을 땐 별이 비치는 유리창처럼 한없이 침묵하지만 詩의 그리움 앞에 선 그녀는 열변을 토하곤 한다.
 지난겨울 이집트 여행을 함께 다녀왔다. 소설가 둘, 시인 둘, 넷이서 떠난 단출한 여행이었다. 조경숙 시인의 룸메이트가 된 나는 조금은 어색했다. 굴포문학 동인으로 함께 여행을 한 적은 여러 번 있었지만 룸을 같이 쓰게 된 건 처음이었다.
 여성스럽게만 보였던 그녀는 생각보다 털털했다. 열흘의 여행 일정이었지만 옷도 몇 벌 가져오지 않았고 화장도 제대로 하지 않았다. 더운 이집트 여행인데 썬크림도 바르지 않았다. 얼굴을 닦는 폼클렌징도 없었다.

 그녀에겐 미소와 더불어 눈물만 가득했다. 이집트 아스완에서도 카이로에서도 소주 몇 잔에 울었고 음악 서너 줄이면 언제든 웃었다.
 어느 아침, 이국땅 숙소에서 옷장에 있던 다리미를 꺼내놓고 그녀는 다림질을 했다. 핸드폰으로 제목을 알 수 없는 음악을 틀고는 음표와 함께 햇살을 빵빵하게 옷 속에 넣고 있었다. 낯설었지만 묘하게 아름다웠다.
 무슨 다림질? 나중에 물으니 입을 옷이 없어 빨아서 다린 거라 했다. 여행을 떠날 때면 옷이며 신발들을 바리바리 챙겨가는

나로서는 좀 놀라웠다. 보기엔 한없이 여성스럽고 나름 멋도 꽤나 부릴 줄 알고 끼(?)도 누구 못지않은 그녀는 알고 보니 여전사였다.

간혹 나른해 보이는 천생 여자가 그냥 천생 시인이었다. 이집트 사막과 무척이나 잘 어울리는 그 당당한 간결함이 부럽기도 했다.

    햇살에 마음을 잇대고
    조그만 꽃씨 하나
    스프링 스프링 스프링
    발꿈치를 든다

                             —「봄, 보다」 일부

몇 년 전 문득, 지리산 자락의 햇살을 잡아당겨 담장에 널어놓고 안부를 주고받느라 격조했던 그녀. 그로부터 얼마 뒤에야 그 먼 지리산 산골에 둥지를 틀었다고 전해 들었다. 흙벽을 바르고 개미와 햇살과 마음을 잇대고 있는 시인 조경숙.

그녀는 지리산의 바람과 햇살과 꽃들을 가끔 퍼다가 문학회 단톡방에 올렸다. 꽃잎을 따다 말리고 꽃씨를 받으며 네 생각을 하고 봉투 속에 들어가 앉은 시인의 모습이 떠오른다.

    너를 사랑하고부터
    나의 취미는 꽃씨를 받는 일

    꽃들은 주소를 묻지 않고

나도 잘 있다 잘 산다, 말하지 않고

　　잘 여문 꽃씨를 받는다

　　　　　　　　　　　　　　―「나 여기 있어」 부분

 오래도록 그녀와 함께 시를 나누고 싶다. 주소를 묻지 않아도 '나도 잘 있다 잘 산다,' 고 작은 편지 봉투를 건네고 싶다.

흙집이 선사한, 고요하게 깨어 있는 시편들

김진초 | 소설가

몇 년 전 조경숙 시인이 전라도 어디로 떠났다는 소식을 들었다. 사람이 놀던 본거지를 떠날 때는 그만한 이유가 있을 터, 굳이 알려고 들지도 않았다. 소식이 뜸하더니 가끔 얼굴이 보이기 시작했다. 자발적 유배를 택해 낯선 시골에 칩거하면서 홀로 처절히 앓더니 기어코 삶의 근육을 키워냈구나! 사선을 넘어온 혈육처럼 반갑고 대견했다. 코로나19의 콧대가 꺾이던 작년 연말엔 함께 이집트 여행까지 했다. 그런데, 사하라사막을 가는 버스 안에서였던가? 조 시인이 호흡곤란으로 사색이 되어 쩔쩔맸다.

급체인 줄 알았는데 아니었다. 부정맥으로 가끔 겪는 증상이라 약을 먹으면 진정된다며 조금만 기다려달라는 조 시인. 아차차! 감쪽같이 속았구나. 저런 몸으로 혼자 산다고? 그 외딴곳에서?

가끔은 도시가 그립지만 거기도 사람 사는 곳, 이젠 익숙해져서 늘어난 신발처럼 편하다고 했다. 대자연 속에서 마주하는 사시사철은 도시와 달라도 너무 달라 다른 세상이라고도 했다. 나이 먹어 초보가 되니 신선하고 재미지다고도 했다. 한심하다는 듯 혀를 차며 일일이 초보 농사꾼을 가르치는 마을 사람들이 든든하다고도 했다. 시골살이에 푹 빠져 잠시 시를 잃어버리기도 했다는 조 시인이 드디어 건져낸 시편들이 어찌나 반갑던지 후다닥 읽을 수밖에.

환경이 바뀌어야 생각도 바뀌는가? 이번 시집 『달리는 말』에서는 뭔가 깨달은 자 같기도 하고, 초월한 자 같기도 한 내공이 느껴진다. 이를테면 선시의 냄새가 난다는 말씀이다.

> 한 생으로 보면
> 서서 잤다고 멀리 온 건 아니다
> 잠깐 찰나 하루였다
> 무릎 꿇을 자리를 찾아 평생 달렸구나,
> 나는
>
> ―「달리는 말」 부분

끝내 마침표는 항복, 무릎 꿇을 자리를 찾아 평생을 달리는 인생은 얼마나 쓸쓸하던가?

> 살기 위해 줄을 치지 않고 살아온 날이 없다
> 생각해 보면 줄을 친다는 것은

>   적에게 위치를 알려주는 일
>
> 　　　　　　　　　　　—「거미」 부분

 생존 자체가 위험을 내포한 생명, 살기 위해서는 거미줄을 쳐야 하는 부조리를 담담히 보여주는 시가 어쩐지 섬뜩하다.

> 죄를 따돌리고 원주민처럼
> 산골에 들었으나
> 나는 정말 어디서 온 걸까
> 어디서 떠나오기는 한 걸까
> 시간의 속도가 굽이굽이
> 도랑물처럼 흐르는 곳
> 흙집을 지어놓고 햇살을 한몸에 받고도
> 조금씩 한기가 드는 날
>
> 벽 한복판에 기대어
> 이 흙은 누구의 몸이었을까
>
> 내일 조금 더 혼자인 날에
> 아직 흙이 되지 아니한
> 꽃과 새와 나비와 별을 불러내어
> 겨우내 우려 그의 이름을 쓰고
> 내가 비로소 뿌리까지 흙이 될 때
> 그때야 마침내 떠나왔다고
>
> 　　　　　　　　　—「흙집을 지어놓고」 전문

「흙집을 지어놓고」는 도망친 자, 혹은 떠밀려온 자의 고뇌와 성찰이 적적성성寂寂惺惺하다. '나는 정말 어디서 온 걸까/어디서 떠나오기는 한 걸까' 이 부분에서 감정이 훅, 올라와 흔들리기 시작했다. 익숙한 말인데 삶의 어떤 지점에서 만나면 크게 내통한다. 같은 시도 그때그때 다르다. 그래서 좋은 시집은 머리맡에 두고 아무 때나 아무 페이지나 펼치고 읽는 거다.
 초성이 ㅁ인 세 개의 시 「먹초」, 「먹방」, 「문천댁」도 인상적이다. 먼 종소리처럼 아득한 메아리가 먹먹하게 여운을 남긴다.
 각설하고,
 조경숙의 『달리는 말』은 머리맡에 두고 아무 때나 펼쳐 읽기에 딱 좋은 시집이라하겠다.

시인이 전하는 안부를 받다

조희영 | 생명과학 교사

딱히 피라미드가 궁금한 건 아니었다. 여러 나라를 옮겨 다니는 것도 싫고, 추운 나라는 더 싫고, 자유여행을 준비할 에너지는 1도 없었다. 결혼 30주년을 명분 삼아, 딱 한 나라만! 따뜻한! 아프리카 대륙의 '이집트' 패키지여행 상품을 신청한 것은 그 무엇보다, 현실로부터 최대한 멀리 떠나고 싶은 마음이 간절해서였던 것 같다.

3년 전, 뜻하지 않게 직장을 나온 남편은 깊은 열패감에 빠져 동굴 같은 안방에서 겨우 숨만 쉬며 지냈다. 10년 넘게 같이 살던 시어머니는 지병이 악화되어 병원과 응급실을 오가다 결국엔 요양병원으로 거처를 옮기셨다. 우울한 남편과 병든 시어머니, 나의 든든한 울타리였던 소중한 사람들을 내 힘으로 지켜낸다는 보람도 있었지만, 누적된 스트레스로 나도 휴직을 한 상태였다.

이집트는 남편 취향의 정돈되고 깨끗한 나라와는 거리가 멀었다. 그럼에도 군말 없이 여행 기간 내내 공주 모시듯 덩치 큰 마누라를 에스코트하며 주크박스가 되어 원할 때마다 노래를 불러주었다. 남편은 성악 레슨을 받으면서 어두운 동굴을 헤쳐 나오는 중이었다. 음악의 신은 쪼그라든 남편의 폐에 공기를 불어 넣고, 중후한 중저음의 자기 목소리를 낼 수 있도록 도와주었다. 더불어 가곡 시詩에다가 곡을 붙여 만든 서정적인 노래의 아름다운 가사들은 그의 영혼을 다독이며 깊은 상처를 어루만져 주었다.

이집트 여행을 마치고 돌아온 인천공항에서 같은 여행팀의 일행 중 한 분이 내게 시집을 건넸다. 베푸는 자의 당당함보다는, 쑥스럽고 조심스러워하는 그녀의 태도에서 소녀 같은 순수함이 느껴졌다. 여행 중 인연 되는 사람에게 전하고 싶었다는 자작 시집 두 권을 행여 짐이 될까 인천공항에 도착해서야 건넨다는 그녀의 사려 깊은 마음씨도. 시인과의 뜻밖의 인연이 이집트를 돌고 돌아 얻은 가장 큰 결혼 기념선물이 될 줄이야.

또 로 로…또 로 로… 눈물이 흘렀다. 그녀의 시에는 삭혀지지 않아 내내 아팠던 내 마음의 상처들이, 가을마당에 널린 빨간 대추처럼 선명하게 그려져 있었다. 누군가도 나만큼 아픈 생을 살아 내고 있다는 것이 연민과 슬픔, 그리고 위로가 되었다. 그녀의 시는 마침내 수신된 어느 별 생명체가 보낸 신호와도 같았다. '나! 여기, 이렇게 있다는, 너! 거기, 혼자가 아니라는. 시인의 시집 『절벽의 귀』와 『눈의 작심』을 읽는 내내, 시인과 같은 시선으로 세상을 보는 듯 그 마음이 고스란히 전해졌다. 발에 밟힌 보도블록 틈새의 민들레, 주인을 따라 무덤에 들어간 가야 소녀, 햇살에 눈물 흘리는 눈사람, 너무 맑아 길이 되지 못하는 아크릴 벽에 머리를 박은 새, 바라보는 것만으로도 아픈 모서리… 울컥했다. 일상의 소소한 장면들에서 의미 있는 상징성과 진리를 찾아내는 시인의 혜안과 통찰력이 마치 수행자와 같았다.

　겨우 내내 시집을 읽고 읽다가, 결국엔 시인의 노란 대문 집 앞에 산수유꽃보다 우리 부부가 먼저 도착했다. "시를 쓰는 이유는 누군가에게 언젠가 닿을 안부를 전할 수 있다는 믿음이다"라는 시인의 인터뷰처럼, 그 안부를 받았노라고 고백했다. 시인은 그동안 얼마나 아팠냐는 위로를 건넸다. 시만큼이나 따뜻한 그녀의 환대에 남편이 말없이 눈물을 흘렸다. 헛헛한 마음에 온기가 스며들어 마침내 눈사람처럼 눈물이 흘렀나 보다. 조경숙 시인의 믿음처럼 시는 쓰는 사람이나 읽는 사람에게 상처를 치유하는 명약이 될 수 있음을 알게 되었다. 그래서 더욱더 많은 사람이 시를 쓰고, 읽고, 향유 하기를 바란다. 좋은 시가 한 작품씩 태어날 때마다 세상의 한 모퉁이가 더 밝아지는 것이다. 그래서 이미 세상을 밝히고 있는 시와 시인에게, 그리고 미래의 시인들에게도 감사함을 전한다.

평범한 문장 같은데 어지간히도 내 마음을 흔든다

이석화 | 양구 소나무책방 운영

내 생각과 완전히 똑같아서 그런가? 짧고, 평범한 문장 같은데 어지간히도 내 마음을 흔든다. 외워두고 좀 써먹어야겠다.

견두산 뻐꾸기 소리
백 년도 더 들었지만 저 소리 여전히 좋네

뻐꾹 소리 듣노라면
뻐꾸기는 백만 번 읽히는 문장 하나로 운다
—「名詩」 전문

명시답게 단 네 줄로 나를 영원히 그리운 유년의 숲속으로 데

려다 준다.

  뻐꾹, 뻐꾹… 뻐꾸기는 더한 시인이네. 나도 저 소리 여전히 좋다.

    주변에 아무도 없다고 느낄 때
    문자를 풀어 노닥노닥
    의자, 의에서 ㅇ을 빼면 ㅢ
    그리고 뒤로 남는 글, 자
    견고하여 오롯이 기댈만하다

    더러 눈이 내리면
    ㅅㄴ ㄴㅜ ㅅㄴ 사람을 만들고
    신생의 대지를 향해
    나는 온전히 증발한다

                      —「글자에 기대어(SNS)」 전문

  시인은 귀한 존재다. 무의미한 세상에 의미를 부여하고 무채색의 사물에 색깔을 입힌다. 『달리는 말』이 라는 시집 제목부터 뭔가 우리의 삶을 희롱하려는 느낌이다. 결국 말을 혀끝에 놓으면서 슬플 수밖에 없는 인간의 삶을 농담처럼 정의한다. '뛰어야 벼룩인 인생'을 재미있게 알려준다. 시가 철학이구나… 생각하게 된다.

시인이라야 '청록파' 정도나 아는 문외한인데 조경숙 시인의 시를 읽으며 서정시의 느낌을 오랜만에 되찾았고, 세련된 철학시를 발견했다. '글자에 기대어 sns'라는 시를 읽으면서 언어를 희롱하는 김삿갓의 느낌도 받았다. 신선한 경험이다.

뻐꾸기 소리처럼 정겨운 시편들

문영심 | TV 다큐멘터리 구성작가

아직 책이 되지 않은 시인의 시를 읽는다는 것은 특별한 경험이었다.

    삼십 일 중 둥근 달은 딱 하루뿐
    그 나머지는 스스로 둥근 가로등을 켤 것
                            —「구원에 대하여」 전문

첫 번째 시를 읽으면서부터 얼굴에 미소가 떠올랐다. 비 오고 개인 어느 저녁, 하늘에 말갛게 떠 있는 보름달을 마주 보면서 저 시를 소리 내어 읊어본다면 얼마나 근사할까? 낭송하듯 나지막하게 시를 읽어보았다. 시인이 켜놓은 보름달이 창밖에 환하다.

> 당신의 칭찬과 채찍이 나를 조련했다
> 모든 것은 서로 잘 되자고 하는 일
> 가끔 졸음 끝에 꿈이 달아났다
>
> 경주는 끝났다
> 이 빠진 혀로 하찮은 듯
> 당근을 밀어내고 혀끝에 놓는 말
>
> 한 생으로 보면
> 서서 잤다고 멀리 온 건 아니다
> 잠깐 찰나 하루였다
> 무릎 꿇을 자리를 찾아
> 평생 달렸구나,
> 나는

―「달리는 말」 전문

'말'은 젊은 시절 무엇인가를 향해서 전력으로 달리던 말(자신)이자 열심히 찾아 헤매던 시인의 말(언어)이기도 하겠지. 그렇게 읽힌다. 누구나 열심히 살았다고 말을 하지만 열심히 살았다고 꼭 무언가를 이룬다는 보장도 없고 이루었다고 해도 그 이룬 것이 무엇인지 돌아보면 허망하기 일쑤다. 하루를 열흘처럼 산다고 서서 잔다고 달라지는 건 없다. 아흔다섯까지 살아내신 우리 시어머니는 마지막까지 자신에 생이 믿을 수 없이 짧았노라고 하셨다. 아흔다섯까지 살지 않아도 대개 삶의 어느 지점에서 한 생이 찰나라는 걸 문득 알게 된다. '달리는 말'은 산다는 것과 쓴다는 것을 절묘하게 결합해서 보여준다. 그리고 나의 생을 돌아보게 한다. 무엇이 나를 조련했을까? 무엇 때문에 달려왔을까? 나는 지금 무릎 꿇을 자리에 도착했을까?

견두산 뻐꾸기 소리 백 년 들었지만
저 소리 여전히 좋네

뻐꾸기 소리 듣노라면
뻐꾸기는 백만 번 읽히는 문장 하나로 운다
―「名詩」 전문

모든 시가 다 좋았지만 나는 이 시가 가장 좋았다. 산골에 들어와 살게 되면서부터 봄에서 여름으로 접어드는 시간이 되면 항상 뻐꾸기 소리를 기다린다. 그 소리를 들으면 그립고 정겹고 슬프고 아름다웠던 삶의 많은 순간들이 떠오른다. 시인은 그 소리에서 어떤 언어의 조합으로도 흉내 낼 수 없는 '명시'를 읽었던 것이다.

어느 것 하나 버릴 것 없는 시편들 속에서도 「풀보다 계급이 낮은 자」에서 한참 머물렀다. '싸움도 서로 비슷한 것끼리' 하는 법인데, 풀의 생존력은 내가 감히 넘볼 수 없는 것이라는 것을 일찌감치 알고 진작 손을 들었기 때문에 백전백패하는 풀과의 싸움을 굳이 시로 남기고 싶었던 시인의 마음을 알겠다. 자연 속에 깃들어 살려면 겸손해지는 것밖에 방법이 없다.

　오래 머물렀던 또 한 편의 시는 「외로운 눈물」였다. 마흔 살을 갓 넘겼을 때 정년퇴직하고 지금의 내 나이에 이른 아버지에게 물어본 적이 있다. 아버지, 불혹이라는 마흔을 넘겼는데도 왜 이리 마음이 혼란스럽고 불안한가요, 아버지 나이가 되면 이렇게 안절부절 못하는 마음이 가라앉을까요, 어떤가요? 아버지는 그때 이렇게 말씀하셨다. 얘야, 나는 아직도 내가 아무것도 모르는 철딱서니 없는 아이 같다는 생각밖에 들지 않는구나, 살면서 다 괜찮아지는 때는 오지 않을지도 모른다.

　그래서 시인이 나에게 '여즉 열다섯에 멈춘 수상한 정신'으로 이렇게 흔들려도 되는지, 이렇게 늙어가도 되는지 묻는다면 아버지의 이야기를 들려주고 싶다. 그리고 이렇게 덧붙이고 싶다. 흔들리지 않는 들꽃이 있던가요? 바람이 불면 그저 바람을 따라 이리저리 흔들리는 것이 좋은 거 아니던가요? 외려 열다섯에 멈춘 수상한 정신, 그 풍부하고 여린 감성을 좋아해야 하는 거 아닌가요? 그냥 그렇게 늙어가도 되고말고요. 아주 잘 늙어가고 있어요. 당신은 아직도 아름다운 소녀입니다.

　시는 음악과 이미지, 사유를 품은 최초의 문학이다. 시인은 노래하고 그려내고 성찰한다. 시편 속에 노래와 그림과 철학을 풍부하게 품고 있는 시를 읽으면 우리는 감동하고 기쁨을 느낀다. 조경숙의 시는 나에게 시를 읽는 즐거움과 산골의 아름다움을 풍성하게 선물해 주었다. 시인은 뻐꾸기를 부러워하지 않아도 된다. 내게는 뻐꾸기 소리처럼 정겹고 그립고 반가운 시편들이었다.

달나라 토끼와 빨간 차

김현자 | 마을 활동가

그 해 나는 잠을 빼앗기고 맥없이 쓰러졌다. 일어나보니 30년 동안 떡을 만들며 온 열정으로 키워 온 떡 공장은 부도가 나고 나는 신용불량자가 되어 있었다. 그 무렵 내가 사는 마을에는 40여 명의 조합원으로 구성된 협동조합 떡 카페가 만들어졌다. 이름하여 달나라 토끼, 카페가 달나라면 나는 달나라에서 떡 만드는 토끼였다.

달나라는 마을 사랑방 같은 곳이었다. 떡 만들기뿐만 아니라 동아리 모임, 마을 세미나, 아나바다 등 선한 영향력을 주는 마을 활동을 했다, 어르신들에게 글도 가르쳤다. 한 달에 한 번씩 어른, 아이 상관없이 음악회도 했다. 모두가 관객이며 동시에 출연자이기도 했다. 세상의 무대로 나가기 전의 응원이고 격려였다. 악기 연주도 하고 성가도 불렀다. 말미나 중간에 조경숙 시인이 청소년에게 유익한 글을 읽어 주거나 본인 시를 낭독하기도 했다. 그렇게 조경숙 시인을 알게 되었다.

그녀의 첫 시집 『절벽의 귀』를 읽고부터 시인은 볼수록 친해지고 싶은 사람이었다. 마음이 통했던지 같이 일할 기회가 생겼다. 어느 날 떡 만들 때의 일화다. 난 떡을 만들 때 떡을 먹는 사람이 건강하고 행복하기를 바라며 만든다. 그런데 시인은 인절미에 콩고물을 묻히며 콩고물 그 이전, 콩의 입장에 대해 골똘했다. 놀랍고 신기했다. 시인은 매사 엉뚱하고 독특했다, 이래서 시인이구나 생각했다. 모든 사물과 얘기를 했다. 특히 자연과의 관계를 중히 여겼다.

그런 그녀가 돌연 남녘 산골로 간다고 했다. 거기서 꽃차를 만든다고 했다. 그런데 산골로 간다는 그 말이 아주 낯설거나 새삼스럽지 않았다. 그리고 몇 계절이 지나고 시인의 산골 집을 방문했다. 그녀가 내게 선물한 빨간 차를 타고, 참, 차 얘기는 밤새도록 해도 시간이 모자란다.

내가 기동력을 잃어 힘이 빠져 있을 때, 산골 그녀에게서 전화가 왔다. "차 한 대 사요 좋은 건 못 사고 그냥 굴러만 다니는 정도의 돈이에요" 그리고 바로 흔쾌히 거금을 보내왔다. 그건 돈의 무게가 아니었다. 형제들도 어려운 나에게 선뜻 큰돈을 보내준 적은 없었다. 사업하면서 빌려 쓴 돈을 갚으라며 보채지 않는 것만으로도 나도 너무 감사할 따름이고 행여 내가 연락할까 노심초사하고 있는 형제들이다.

그런데… 대범하기도 하고 결단력이 대장부 같다. 시인도 누군가에게 살며 받은 게 많으니, 꼭 필요한 사람에게 필요한 순간 필요한 걸 선물 하는 거라고 했다. 눈물이 났다. 그녀가 현재 좋은 형편이 아닌 것을 잘 알고 있으므로, 더욱. 그렇게 내게 온 빨간 차, 시동을 걸었다. 그녀의 축복기도와 함께 부르릉. 그렇게 그녀가 있는 산골을 가기를 여러 차례. 무공해 밥상이 차려지고 새벽 군불 같은 이야기로 밤이 깊어갔다.

벌써 5년이 되어간다. 차 덕분에 봉사자들과 마을 활동가들과 어디든 바로바로 떠날 수 있으니 신났다. 시인은 코로나 기간에는 산골 텃밭에서 수확한 무공해 머위와 쌈채소 호박잎 애호박 등을 가득가득 보내주었다. 도시로 오는 인편이 있으면 무공해 어린 쑥을 뜯고 삶아 정성껏 냉동해 보냈다. 쑥으로 떡과 전을 만들어, 무기력하게 집에만 있는 어르신에게 떡과 반찬 나눔을 했다.

시인이 세 번째 시집을 낸다고 한다. 노랑 대문에서 흘러나오는 그녀 숨길의 흙집 한 채. 그런데… 오래 기다리던 난 또 눈물이 난다. 그래, 조경숙 그녀는 어디에 살든 누구와 있든 무엇을 하든 詩人인 것이다.

노랑대문

윤태옥 | 여행객

내가 처음 그 집 앞을 지난 것은 순천의 지인 덕분이었다. 비가 주룩주룩 내리던 코로나 첫해 3월 어느 날, 산수유 마을을 보여준다고 순천에서 출발한 길이었다. 산수유가 많이 핀 마을의 골목길을 걷다가 노란색 대문을 가리키며 잘 아는 시인 언니네라고 말했다. 노크를 했으나 답은 없었다. 노랑대문은 그 색깔만으로도 내 눈길을 잡아끌었다.

그해 11월 남도의 컬러가 단풍과 누런 벼와 반짝이는 가을 햇살로 그득 찰 즈음 이순신 답사 여행을 떠났다. 마침 동반자 한 사람의 게스트하우스가 그 마을에 있어서 내가 숙박을 요청했다. 게스트하우스 하나로는 부족하여 그 마을의 다른 집을 구해 여자들 숙소로 사용하기로 했다.

구례 읍내에서 저녁 식사를 마치고 컴컴한 밤에 마을로 들어

섰다. 게스트하우스를 거쳐 여자들 숙소에 도착했을 때야 알아차렸다. 내가 비 오는 봄날 스쳤던 그 노랑대문이 여자들 숙소란 걸. 민박집이 아닌데 하룻밤 유숙할 수 있게 기꺼이 수락한 것이다.

그날 밤 노랑대문집 주인장의 배려로 주방 겸 거실에서 농반자들과 함께 가벼운 이야기를 나눴다. 간단한 소개도 하고 여행 이야기가 오갔다. 내가 주인장에게 조심스레 시 한 수 낭송해주기를 청했다. 말수가 적은 편인 주인장은 살짝 민망해하면서도 책장에서 자신의 시집을 꺼내 들었다.

시골집에서 시인이 자신의 시를 낭송하는 것 자체가 한 편의 시였다. 일행들도 한두 편을 낭독했다. 어두운 창밖에는 산수유가 빨간 열매를 바글바글 달고 병풍을 치고 있었다. 돌이켜 생각하면 한 폭의 수채화였다.

다음 해 봄, 나는 동반자들을 대동하고 지리산 일주를 하면서 다시 숙박을 청했다. 그해 가을에도 다시 이순신 답사가 있었고 그다음 해 봄에는 지리산 일주가 이어졌다. 올봄에는 게스트하우스를 쓸 수 없어 시골 마을 숙박을 하지는 못했다. 마을을 걷다 시인의 집 마당에서 일행들과 차 한 잔을 마시고 아쉬움을 달랬다.

내가 답사 여행을 다니는 동안 시인의 소식도 가끔 전해져 왔다. 메리골드 꽃으로 차를 덖었다는 소식도 있었고 산수유 열매로 환을 만들었다는 소식도 있었다.

그러더니 세 번째 시집이 곧 나온다는 반가운 소식도 왔다. 시인의 집 노란색 대문만으로도 마을 길을 걷는 여행객들에게 한 편의 시가 되곤 했을 것이다.

마을 입구 넓은 마당에 세워진 마을 지도에 시인의 집은 노랑대문이라고 쓰여 있다. 시인의 이름을 썼으면 주소가 되지만 노랑대문이라 써서 시가 되어 있다.
노랑대문은 시인의 집이다, 시인의 집에서 시인이 시집을 들고 나온단다. 그것만으로도 반가운 일인데 그 지면 한쪽에 내 손을 얹는다니, 길에 있는 여행객에게는 고마운 일이기도 하다. 그래, 노랑대문, 그 집에는 시인이 산다.